Auch aus Steinen,

die dir in den Weg gelegt werden,

kann man Schönes bauen

Widmung

In Gedanken an meine bereits verstorbenen Eltern, durch die ich Zuspruch und Liebe in der für mich sehr schwierigen Zeit erfahren habe.

Ich danke meinem Ehemann, der häufiger die auch psychischen Folgen meiner Verletzungen bewältigt hat und für mich immer da war und es noch immer ist.

Ein Dankeschön geht auch an meine Hamburger Freundin, die mir in einer für sie selbst schwierigen Situation stets Verständnis und auch Mut gegeben hat, dieses Buch zu schreiben.

KAREN HELSTINK

AUCH AUS STEINEN, DIE DIR IN DEN WEG GELEGT WERDEN, KANN MAN SCHÖNES BAUEN

Bibliografische Information der Deutschen Nationalbibliothek:
Die Deutsche Nationalbibliothek verzeichnet diese Publikation in der Deutschen Nationalbibliografie;
detaillierte bibliografische Daten sind im Internet über http://dnb.d-nb.de abrufbar.

Satz und Verlag: BoD · Books on Demand GmbH,
In de Tarpen 42, 22848 Norderstedt

Druck: Libri Plureos GmbH, Friedensallee 273, 22763 Hamburg

ISBN: 978-3-7597-6162-0

INHALT

PROLOG

Nach vergangen Jahrzehnten ist jetzt für mich die Zeit gekommen, meine Gedanken zu einem Lebensabschnitt schriftlich festzuhalten.

Der Text rundet und schließt das Erlebte ab. Mein Weg ist frei für neue Gedanken und einen neuen Lebensabschnitt.

MEIN BEINAHE LETZTER SOMMERTAG AM 4. AUGUST

Es ist ein warmer Sommertag im Monat August.

Die Tische für das Straßenfest in der Straße, in der ich meine Kindheit und Jugendzeit verbracht habe, werden herbeigetragen.

Ich sitze vor der Haustür meines Elternhauses und beobachte das Treiben unter den Nachbarn. Die sonst eher oberflächlich orientierten Gespräche über das Wetter, das Obst oder Gemüse im jeweiligen Garten, klingen nun eher nach Gemeinsamkeit, gemeinsam etwas schaffen zu wollen. Die Festplanung und die vorbereitenden Aufgaben für ein schönes Fest haben schon einige Wochen zuvor begonnen.

Jetzt ist die Stimmung freudig erwartend. Die Sonne scheint noch immer. Alles ist unbeschwert.

Im weiteren Verlauf des Nachmittages ist schließlich alles vorbereitet. Die Helfer gehen kurz nach Hause, um sich umzuziehen.

Am frühen Abend kehren alle pünktlich zurück. Das Fest kann also beginnen. Das Feuer im Grill wird angezündet, das Bier gezapft. Es kommen viele interessante Gespräche auf. Im weiteren Verlauf wird gegessen, getrunken und sehr viel gelacht. Laut ertönt die Musik in dieser Straße. Niemand will sich darüber beschweren. Es ist eine Sackgasse am Rande eines Kurortes.

Hingegen aller Wünsche und gut gemeinten Ratschläge meiner Eltern als auch verschiedener Nachbarn verlasse ich das Straßenfest schon früh, um mich mit anderen jungen Leuten in der Dorfmitte am so genannten »Brünneken«, dem Dorfbrunnen zu treffen.

Nach dem Gottesdienst in der katholischen Kirche im Dorf, gegen 20.30 Uhr hat sich unsere Clique dort samstagabends getroffen, um gemeinsam zu einer Party oder Diskothek zu fahren. An diesem Abend ist unser Ziel ein Schützenfest in der näheren Umgebung.

Nachdem alle am »Brünneken« ankommen, wird überlegt, wieviel Personen mit ihrem Auto fahren und wer darin mitfahren kann.

Meine Cousine bietet sich an diesem Abend an, mit ihrem Auto zu fahren und schnell steigen außer meiner Freundin und mir noch zwei junge Männer in dieses Auto ein. Doch schon nach wenigen Kilometern tauscht sie den Fahrerplatz mit meiner Freundin, die von uns dazu veranlasst wird. Sie soll vorbereitet werden, das Auto auf dem Heimweg vom Schützenfest zu steuern. Als Jüngste in der Gemeinschaft hat sie erst vor kurzem ihren Führerschein gemacht. Wir sind der Meinung, dass sie nun auch mal an der Reihe ist, das Auto zurückzufahren. Wir haben richtig Spaß in dem orangefarben VW-Käfer, der lustigerweise auch als Kugel-Porsche bezeichnet wird. Wir lachen und scherzen, obwohl es mit fünf Personen ziemlich eng in dem Auto ist. Der Rest der Clique ist in anderen PKW zum Fest unterwegs.

Gegen 21.30 Uhr fährt ein Auto in die Sackgasse ein, in der das Straßenfest gefeiert wird.

In diesem Auto sitzen zwei Männer, die meinen Eltern, die Nachricht überbringen, die alles verändert:

Es hat einen Autounfall mit vier verletzten jungen Menschen, einer davon schwer, gegeben.

Diese beiden Männer sind zwei Freunde von mir. Während ihrer Fahrt zum Schützenfest sind sie an dem Unfallort vorbeigekommen, sahen die beiden verunfallten PKW, die Rettungswagen, die Feuerwehr und die Polizei. Als Personen, die mich und meine Familien kennen, werden sie gebeten, meine Eltern zu benachrichtigen. Diese Unfallnachricht trübt die bestehende Fröhlichkeit der feiernden Nachbarn.

Meine Eltern, besonders meine Mutter, empfinden es als schade, das Fest nun schon verlassen zu müssen. Sie können nicht ahnen, was mit mir geschehen ist. Dass es sich um meine Person handelt, die besonders schwer verletzt ist, bringen die Nachrichtenüberbringer aus Rücksichtnahme nicht klar zum Ausdruck.

Als meine Eltern im Krankenhaus ankommen, teilt ein Arzt Ihnen mit, dass ihre Tochter sich im OP befindet. Ein Riss der Harnblase wird zu dem Zeitpunkt operativ behandelt.

Die schwere Kopfverletzung mit einhergehender tiefer Bewusstlosigkeit ist mittels Computertomographie in einem anderen Krankenhaus abzuklären. Ein CT besitzt zu der Zeit aus Kostengründen nicht jedes Krankenhaus in einer Stadt.

Weiter haben die Ärzte beim Röntgen Frakturen des Schlüsselbeins und eine doppelte Fraktur des Beckens gesehen.

Meine Eltern sitzen verzweifelt und todtraurig während der gesamten Nacht in diesem Krankenhaus, in dem es um Leben und Tod; meinem eventuellen frühen Ausscheiden aus dem noch jungen Leben geht.

Ihre Wünsche für mein glückliches Leben scheinen sich nunmehr nicht zu erfüllen und die Hoffnung auf eine erstrebenswerte Zukunft ihrer Tochter ist plötzlich und vollkommen unerwartet zerbrochen wie ein feiner Porzellankrug, der auf harten Steinboden prallt.

Vater und Mutter sind zu der Zeit etwa so alt wie ich heute bin. Auch ich habe einen Sohn. Unfassbar zu erleben, dass das eigene Kind sich in Todesgefahr befindet.

In den frühen Morgenstunden wird ein Pfarrer auf die Intensivstation gerufen, der mir die sogenannte letzte Ölung gibt.

Die Krankensalbung ist ein Sakrament für Menschen in Todesgefahr oder lebensbedrohlichem Zustand. Der Priester salbt mir die Stirn und Handinnenflächen mit gesegnetem Öl und spricht ein Gebet.

Wenige Stunden zuvor bin ich eine gesunde, junge lebensbejahende Frau gewesen. Ich habe den Sport geliebt, habe Tennis und auch Tischtennis im Verein gespielt. Wobei man sagen muss, dass diese Kombination nicht die beste ist. Die kurze schnelle Bewegung beim Tischtennis erfolgt aus dem Handgelenk. Beim Tennis erfolgt die Bewegung dagegen aus dem Arm heraus. Trotzdem hat es für mich funktioniert beide Sportarten auszuführen. Ich bin jung und daher flexibel.

Mit meinen Freunden habe ich gefeiert, und wir sind zum Tanzen gegangen. Ich habe Spaß am Leben gehabt und viel mit Freunden gelacht.

Mehrtägige Fahrradtouren haben wir ins Weserbergland unternommen. Nach Berlin bin ich mit Freundinnen gefahren.

Sogar nach Nantes in die Bretagne sind wir mit dem Auto gefahren. Fünf Personen, zwei Zelte, ein Gaskocher, Luftmatratzen, Schlafsäcke und natürlich Kleidung haben Platz in und auf dem PKW. Das Auto, ein alter Ford, ist so schwer beladen, dass der Kofferraum tatsächlich etwas herunterhängt. Die Abfahrt nach Nantes erfolgt bei mir zu Hause. Meine Eltern stehen damals winkend auf der Straße. Sie sehen zu, wie wir uns mit diesem Auto auf den Weg nach Frankreich machen. Sie sind zwar beunruhigt, lassen uns aber gewähren.

Diese Reise dauert unglaubliche 26 Stunden bis nach Nantes. Da die Autobahnen in Frankreich nur kostenpflichtig zu befahren sind, fahren wir ausschließlich auf Landstraßen, um Geld zu sparen. Paris wollen wir umfahren. Wir sind dann aber unglücklicherweise doch nicht um die Stadt herumgefahren sondern durch Paris. Zu der Zeit können wir den Weg nicht mit dem Handy navigieren und haben uns daher auch mehrfach verfahren.

In Nantes habe ich einen langjährigen Brieffreund, den ich zu Hause bei seinen Eltern besuche. Im Jahr zuvor war er bei mir zu Hause Gast. Meine anderen Freunde fahren weiter zur Atlantikküste zum Zelten. Ein paar Tage später sind mein Brieffreund und ich mit der Bahn ebenfalls zu diesem Campingplatz gefahren, um dort mit den anderen einen schönen zweiwöchigen Urlaub zu verbringen.

Nachdem ich wenige Monate nach der Frankreichreise ebenfalls meinen Führerschein gemacht habe, bin ich motorisiert und somit flexibler. Meine Eltern vertrauen mir ihr Auto an. Auch zur Schule darf ich des Öfteren den Wagen nutzen, mit der Auflage, dass ich nachmittags meinen Vater von der Arbeit abzuholen hatte.

Der Schulunterricht macht mir Spaß. Ich freue mich, nach der Realschulzeit zum Gymnasium gewechselt zu haben.

INTENSIVPFLEGEZEIT

Die intensiv-medizinische Behandlung mit Hoffen, Leiden, winzig kleinen freudigen Ereignissen, Wehmut, Bangen und vor allem Angst prägen die folgenden Wochen.

Weder die Ärzte noch meine Eltern wissen, wann ich aus dem Koma erwache, noch wie mein geistiger Zustand dann sein wird.

Sie sind zum Warten verdammt, warten in Hoffnung auf Besserung.

Eine Ärztin klärt sie über den Zustand der Bewusstlosigkeit auf. Sie sollen während meiner Bewusstlosigkeit an meinem Krankenbett nicht über den Unfall sprechen. Es sei nicht auszuschließen, dass selbst bei tiefer Bewusstlosigkeit Gespräche der Angehörigen vom Patienten aufgenommen werden. Ihrer Tochter können sie beistehen, indem sie ihr die Hand halten, ihr über die Wangen streicheln und eine angenehme Atmosphäre vermitteln.

Auch tief bewusstlose Menschen spüren Aufregung, Traurigkeit und nehmen unbewusst solche Dinge auf, was nicht gut für mich wäre. Sie sollen Zuversicht und Nähe vermitteln.

Was geschieht mit Körper, Geist und nicht zuletzt mit der Psyche aufgrund schwerer Schädel-Hirn-Traumata?

Ein solches Trauma hat weitreichende Folgen für den Körper. Es können Lähmungen an Armen und Beinen auftreten, es kann zu halbseitigen Einschränkungen kommen. Bei manchen Verletzten sind alle vier Extremitäten gelähmt. Diese Folgen können mitunter therapiert werden und sind in einigen Fällen wieder rückläufig.

Je nachdem, welche Hirnregion verletzt wird treten Folgen für Sprachverständnis, Sprechen, logisches Denken, mathematische Fähigkeiten, Erinnerungsvermögen, Konzentration, Merkfähigkeit, Denkvermögen, Koordination oder Bewegungsabläufe auf.

Auch für mich ergibt das Schädel-Hirn-Trauma schwerwiegende körperliche Folgen, die sich im Intensivstationsverlauf zeigen.

Auswirkungen auf meine Psyche wie Depressionen, Persönlichkeitsveränderungen als Folge des Schädelhirntraumas sind später bemerkbar.

Ich habe mir das Gehirn immer wie einen Computer vorgestellt, bei dem es bei Softwareschädigungen zu Programmfehlern kommt.

Später spricht meine Mutter viel über diese Zeit. Sie erzählt auch davon, dass mein Vater sich bei den Besuchen auf der Intensivstation oft voller Traurigkeit zum Fenster gewendet hat, um sich die Tränen abzuwischen. Während der

Intensivpflege sind sie zweimal täglich in das Krankenhaus gekommen, um sich an mein Bett zu setzten.

Ein Vorfall während der folgenden Wochen stürzt meine Eltern in Angst und Schrecken. Auf dem Flur der Intensivstation wartend gibt es plötzlich Alarm, wahrscheinlich hervorgerufen durch eine Beatmungsanlage. Meine Eltern sehen das Intensivpersonal, welches schnell zu meinem Bett läuft und rechnen mit dem Schlimmsten.

Eine Schwester hat beim Reinigen unbeabsichtigt einen Schalter meines Beatmungsgerätes deaktiviert. Der Fehler kann glücklicherweise schnell behoben werden, doch die Gefühlslage meiner Eltern wird sehr getroffen.

Nach mehreren Kontroll-Computertomographien, beobachten und kontrollieren des Verletzungsverlaufes erlange ich nach scheinbar endlosen 17 Tagen des Hoffens und Bangens das Bewusstsein wieder.

Nach und nach lerne ich wieder selbständig zu atmen, so dass der Beatmungsschlauch schließlich entfernt wird. Das Atemtraining gestaltet sich als Highlight; das eigene Atmen als etwas Besonderes. Ich bin nicht mehr bewusstlos und befinde mich mehr oder weniger in einem wachen Zustand; in dem mentalen Reifezustand eines vielleicht 12- jährigen Mädchens.

EIN HOFFNUNGS-GEBENDER STATIONSWECHSEL

Das erste Ereignis, an das ich mich erinnere, ist der Moment, in dem ich nach vierwöchiger Intensivstation auf die Chirurgische Station des Hauses verlegt werde.

Was das für mich zu bedeuten hat, dass ich sozusagen über den häufig genannten Berg bin, ist mir nicht bewusst. Ich kann mich bis heute an diesen Stationswechsel erinnern.

Mein Krankenbett wird von zwei Pflegekräften aus dem Aufzug geschoben, eine Tasche mit meinen Sachen sowie die Krankenakte liegen auf dem Bett. Mein Vater kommt strahlend und freudig lachend auf uns zu. Das Pflegeteam der Intensivstation hat ihn telefonisch darüber informiert, dass ich jetzt auf die Chirurgische Abteilung verlegt werde.

Natürlich kommt er von seiner Arbeitsstelle, direkt gegenüber des Krankenhauses gelegen, um mich zu sehen.

Diese Freude über den Wechsel von der Intensivstation auf die Regelpflegestation verdrängt alle zu erwartenden Schwierigkeiten beim weiteren Genesungsprozess.

Ab jetzt kann ich wieder am Leben teilhaben. Freunde,

Verwandte wollen mich besuchen. Sie kommen natürlich noch in begrenzter Anzahl, um mich nicht zu überfordern. Am späten Nachmittag kann ich mich allerdings nicht mehr erinnern, wer mich im Tagesverlauf besucht hat.

Schwach und immer noch an das Bett gebunden erlebe ich die nächste Zeit. Meine Stimme ist aufgrund der langen Intubation geschädigt, ich kann nur flüstern.

Erstaunlich für meine Eltern zu diesem Zeitpunkt ist, dass ich nichts von dem Unfallereignis weiß. Ich spreche davon, dass ich mit meinem Bruder Schlüsselblumen gepflückt habe und wir auf dem Heimweg mit den Fahrrädern zusammengestoßen sind.

Ich bin gestürzt und muss deswegen nun im Krankenhaus verweilen. So **meine** Wahrheit bezüglich der Ursache meiner Verletzungen.

Das Pflücken der Schlüsselblumen und der damit zusammenhängende Sturz ist ein Erlebnis aus meiner frühen Kindheit.

Lange zögern meine Eltern damit, mir den wirklichen Ablauf näherzubringen. Nachdem ich aber immer wieder von dem Fahrradunfall spreche, erzählt mir meine Mutter vorsichtig und rücksichtsvoll, was wirklich geschehen ist.

Nachvollziehen kann ich es allerdings zu dem Zeitpunkt kaum. Es ist zu schwierig für mich rauszufinden, welche

Version die richtige ist. Noch bin ich zu sehr an **meine** Erinnerung an das Schlüsselblumenpflücken gebunden.

Es stellt sich heraus, dass ich mich weder an das Straßenfest noch an den zuvor in Holland verbrachten zweiwöchigen Urlaub erinnere. Auch an die Zeit auf der Intensivstation habe ich keine oder nur unsichere Erinnerungen.

Es besteht eine retrogerade Amnesie für den Zeitraum von sechs Wochen.

Dieses medizinische Fachwort bezeichnet den Gedächtnisverlust (Amnesie), bei der die betroffene Person nicht mehr in der Lage ist, sich an Geschehnisse vor, während und auch Wochen nach einem traumatischen Ereignis (bei mir den Autounfall) zu erinnern.

Der Mensch
Der Mensch lebt
Der Mensch lebt noch
Der Mensch lebt noch obwohl
Der Mensch lebt noch obwohl er
Der Mensch lebt noch obwohl er schon
Der Mensch lebt noch obwohl er schon fast
Der Mensch lebt noch obwohl er schon fast tot
Der Mensch lebt noch obwohl er schon fast tot war.

Später bei dem Besuch meiner damaligen Jahrgangsstufenleiterin sowie Deutsch- und Geographielehrerin bekomme ich von ihr ein Geschenk, dem eine Grußkarte beigefügt ist.

Ein Bachlauf mit schönen kleinen als auch größeren Steinen, angrenzend an eine bunte Blumenwiese, ist auf dieser Karte zu erkennen.

Unter dem Bild ist der Satz zu lesen:

Auch aus Steinen, die dir in den Weg gelegt werden, kann man Schönes bauen.

Handschriftlich hat sie auf der Rückseite vermerkt:

Nach dem großen Stein, der dich unverhofft und schwer getroffen hat, wirst du merken, dass es wieder aufwärts geht, die Steine kleiner werden und deine Kraft zunimmt. Du wirst es schaffen. Du darfst nur nicht den Mut und den Glauben verlieren.

Sehr schön. Berührend und Mut gebend.

Im September feiere ich meinen Geburtstag im Krankenhaus. Außer meinen Eltern, kommen meine besten Freundinnen, um mir zu gratulieren. Eine meiner Freundinnen hat einen selbstgebackenen Kuchen mit 19 Wachskerzen mitgebracht, die sie anzündet.

Ich darf sie auspusten und mir natürlich etwas wünschen.

Ob ich mir Naheliegendes wünsche, weiß ich nicht mehr. Allerdings weiß ich, dass ich damals weniger gerührt durch diesen Geburtstag gewesen bin als meine Eltern und Freunde. Ich freue mich, aber nicht so sehr in dem Sinne, dass es ja nun mein erster Geburtstag nach dem Koma ist.

Nach neun Wochen Bettlägerigkeit kann ich nun zunächst von kurzem, sich zeitlich steigerndem täglichen Sitz an der Bettkante bis in den Stand mobilisiert werden.

Etwas wackelig auf den Beinen gelingt es mir schließlich mit Hilfe des Gehwagens im Patientenzimmer einige Runden zu drehen. Sogar bis zum Flur und dann auch bis zur Toilette dringe ich vor.

Welch ein Ereignis: Nach zehn Wochen zum ersten Mal, zur Toilette zu gehen, nachdem der Harnblasen-Katheter gezogen worden ist. Wunderbar. Eine Woche später geht es ohne Gehwagen weiter. Somit kann ich mich nun vollkommen selbständig fortbewegen.

Die folgenden Wochen ziehen dahin gefüllt mit täglichen Therapien bestehend aus Krankengymnastik, um meinen geschwächten Körper zu stärken. Logopädie, um meine geschwächte, leise Stimme zu stärken und letztlich auch Psychotherapie, um meine seelische Verfassung zu stärken. Da ich nun ohne Gehwagen mobil bin, nutze ich zusätzlich die Therapie im Bewegungsbad.

Mein rechtes Bein ist noch als Überbleibsel der anfänglichen Lähmung von Armen und Beinen geschwächt und nicht voll belastbar.

ERSTE EMOTIONALE ERFAHRUNGEN DANACH

Ich gehe zur Krankenhauskapelle am Eingang des Krankenhauses.

Trotz zwei Jahrzehnten Erziehung zum katholischen Glauben an Gott und Gottes Segen, kann ich mich nicht zum Gebet durchringen.

Ich frage mich, wofür ich Gott danken soll. Vielleicht dafür, dass ich mich seit über zwei Monaten nach fast tödlichem Verlauf eines Autounfalls, an dem ich rechtlich gesehen keine Schuld habe, immer noch im Krankenhaus befinde? Außerdem ist meine Zukunft noch absolut ungewiss.

Also warum und wofür danken?

»Dafür, dass du überlebt hast«, sagen meine Eltern. «Wir sind froh und dankbar, dass du wieder hergestellt bist«.

Dankbar? Wiederhergestellt? Ich bin doch kein Auto, dessen Karosserie ausgebeult und repariert wird. Was ist mit meiner Psyche? Ein Auto hat weder Psyche noch Gehirn.

Ich habe einen Körper, eine Psyche und ein Gehirn. Alle drei sind verletzt worden.

Warum also, sage mir warum und wofür soll ich in die Kapelle gehen und Gott danken? Was ist das für ein Gott, der das Geschehene zugelassen hat?

Habe ich als 18-jährige, fast noch Mädchen, etwas so Schlechtes getan, dass ich dafür bestraft werden soll? Es wäre fast die Todesstrafe für mich gewesen.

Diese Überlegung ist nicht völlig abwegig:

Warum hat Gott den Unfall zugelassen?

Wollte er mir die Freiheit lassen, selbst zu entscheiden, was ich tue? Ich habe mich entschieden, das Straßenfest frühzeitig zu verlassen. Auch habe ich mitentschieden, dass meine Freundin das Steuer übernahm. Trotzdem bin ich gerettet worden.

Hat Gott meinen Tod verhindert, gab er meinem Körper die Kraft zum Überleben?

Als gläubiger Christ könnte man diese Fragen aus dem Glauben heraus beantworten.

Hierzu haben mir allerdings zu dem Zeitpunkt der Wille, der Nutzen und auch die notwendige Reife gefehlt.

Ich habe lange nicht gebetet. Das Bedürfnis zu Gott zu sprechen war und ist auch bis jetzt nicht vorhanden.

DER TOD IST DAS ENDE DES LEBENS

Die Erfahrung, dass der Tod das Leben beendet, habe ich zum ersten Male im Alter von neun Jahren gemacht. Damals kam meine Mutter morgens zu mir ins Schlafzimmer, um mir zu sagen, dass Oma nachts in unserem Haus, in ihrem Bett verstorben ist.

Eine schlimme Nachricht.

Oma wird später im Leichenschauhaus aufgebahrt. Jeder hat die Gelegenheit, sich dort von ihr zu verabschieden. Anschließend die erste Beerdigung, die ich erlebte. Viele Trauergäste, die sich beim anschließenden Kaffeetrinken in einer Gastwirtschaft trafen.

Je länger das Kaffeetrinken dauerte, so aufgelockerter wurden die Trauergesellschaft.

Es deutete sich damals für mich schon an, dass das Beisammensein bei Kaffee und Kuchen nach einer Beerdigung als Anfang der Trauerverarbeitung zu sehen ist.

Es folgten später Beerdigungen von Onkeln und Tanten, von Nachbarn, Bekannten und Menschen aus dem Dorf, in dem ich wohnte. Der Ablauf war immer sehr ähnlich.

Weinende, schmerzerfüllte Angehörige, die am Grabe ihres lieben Verstorbenen Blümchen oder Erde mit Hilfe einer kleinen Schaufel auf den Sarg warfen. Ich fand diese Geste immer schrecklich, denn ich fühlte mit dem Toten, dass er sich jedes Mal erschreckt, wenn die Erde auf den Sarg prallt. Weil ich den lieben Verstorbenen nicht erschrecken wollte, habe ich es immer vorgezogen, sanft eine Rosenblüte auf den Sarg zu werfen.

Nachdem ich selbst mit 18 Jahren fast gestorben bin, hat sich meine Beziehung zum Tod verändert. Nicht dass ich Angst vor meinem eigenen Tod bekommen hätte. Diesem hatte ich nun schon fast ins Gesicht gesehen.

Die Beziehung zu meinen Eltern wurde durch mein traumatisches Unfallerlebnis enger. Ich hatte seitdem Angst, sie zu verlieren. Zumal meine Mutter bei meiner Geburt schon 40 Jahre alt war. Während meiner Kindheit war sie sehr oft krank.

Als ich noch ein kleines Kind war, kam eines Tages der Hausarzt zu uns nach Hause, um nach meiner Mutter zu schauen. Als dieser gegangen war, rief meine Mutter meinen Bruder und mich an ihr Bett, um uns zu bitten, dass wir uns nicht mehr streiten und uns vertragen sollten. Auch dann, wenn sie nicht mehr bei uns sein würde. Verstanden habe ich die Situation damals nicht wirklich. Jedoch hat auch dieses Erlebnis meine Angst vor Verlust der Eltern geschürt.

Meine Mutter ist, anders als immer von mir befürchtet, alt geworden und dann leider in einem Pflegeheim verstorben.

So wie sie damals nach meiner Hirnverletzung täglich an meinem Bett saß und sich meine fantastischen Geschichten über meine nächtlichen Ausflüge angehört hat, so saß ich nun an ihrem Pflegebett und hörte mir an, wen sie zuletzt besucht hat und mit wem und wann sie in der Stadt unterwegs war. Ich habe immer gestaunt und ihr Fragen zu ihren Ausflügen gestellt. Ich konnte ihr das nicht absprechen.

Ich war froh, dass sie so viel erlebte. Denn real war es ihr nicht mehr möglich ihr Bett zu verlassen.

Zum Unfallzeitpunkt war ich noch sehr jung und mein Gehirn erholte sich langsam, aber sicher.

Meine Mutter ist zu Beginn ihrer Alzheimer Demenz 90 Jahre alt. Alzheimer bessert sich nicht. Sie verstarb im Alter von 92 Jahren an und mit ihrer Demenz.

Mein Vater, der mir tapfer damals beigestanden hat, ist im Alter von 89 Jahren in demselben Pflegeheim, in dem auch meine Mutter sich befand, verstorben.

Ich habe mit meiner Familie an seinem Pflegebett gesessen und seinen Sterbeprozess begleitet. Kurz bevor zu erwarten war, dass der Tod nun kommen würde, holte ich meine Mutter von ihrer Pflegestation ab, um meinem Vater die Möglichkeit zu geben, loslassen zu können. Als ich

Mutter im Rollstuhl zu Vaters Zimmer fuhr, kam mir schon eine Krankenschwester entgegen und rief, dass wir uns beeilen sollen. Vater würde jetzt sterben.

Er hat die ganze Nacht mit dem Tod gerungen und auf meine Mutter gewartet.

Mein Vater ließ los und verstarb just in dem Moment als meine Mutter und ich an seinem Bett waren. Mutter hat demenzbedingt seinen Tod nicht nachvollziehen können.

Zu Vaters Beerdigung haben wir sie mitgenommen und hatten gehofft, dass sie es nun verstehen würde.

Wochen später sagte sie jedoch bei meinen Besuchen immer wieder, ob ich nicht ihren Mann besuchen wolle. Der sei bestimmt in seinem Zimmer. Ein anderes Mal war sie entsetzt und erschüttert, als sie hörte, dass Vater tot sei.

Ich konnte es einfach weder für mich noch für sie ertragen, dass sie immer noch glaubte Vater sei lebendig. Als Tochter wollte ich ihr nahebringen, dass Vater nicht mehr unter uns ist.

Ich habe mich geschämt dafür, dass ich ihr das gesagt habe, denn es hat ihr keinen Nutzen gebracht.

VORFREUDE, EINSATZ-WILLEN UND NIEDERLAGEN

Nach 14 Wochen stationärer Behandlung bin ich so weit genesen, dass ich das Krankenhaus verlassen kann.

Eine Woche darf ich zu Hause verbringen, um dann die stationäre AHB (Anschlussheilbehandlung) in einer Rehabilitationsklinik im Weserbergland zu starten. Ich bin gefestigt und guter Dinge. Ich habe noch keine Erfahrung mit auftretenden kognitiven Schwierigkeiten gemacht.

Überzeugt bin ich davon, dass Neues und Schönes entstehen wird. Ich muss nur achtsam sein, nach links und rechts schauend, das Hindernis zu etwas Schönem umwandeln.

So meine Gedankenwelt viereinhalb Monate nach dem Unfallereignis.

All die Eindrücke, Wünsche und Erlebnisse während der folgenden Anschlussheilbehandlung lassen mich gestärkt kurz vor Weihnachten wieder nach Hause kommen.

Das folgende Weihnachtsfest sowie Silvester waren die

ersten Feste, die ich wieder im Kreise der Familie feiern konnte.

Bei der letzten Silvesterfeier, vor meinen Verletzungen, ahnte ich noch nicht, dass nicht immer die lieben Wünsche für ein gutes und gesundes neues Jahr erfüllt werden.

Die Weihnachtsferien vergingen und im Januar würde ich die Schullaufbahn weiterverfolgen.

Fünf Monate ohne Schule, ohne kognitive Herausforderungen.

Das Abitur war nach wie vor mein Ziel mit dem Wunsch des anschließenden Studiums der Anglistik und des Journalismus. Ich würde es schaffen, gar keine Frage, zumal ich bis zu den Sommerferien das zweite Halbjahr der zwölften Klasse nochmals durchlaufen würde. Erleichternd kam hinzu, dass ich vollkommen entspannt und locker die Sache angehen konnte. Meine damaligen Noten nach Abschluss der zwölften Klasse zuvor standen schon fest. Es würde sich jetzt rein formal um eine Übungsmöglichkeit handeln.

Leider erhielt mein gesteigerter Optimismus schon nach kurzer Zeit einen erheblichen Dämpfer.

Ich kam ***nicht*** klar, der Schulstoff überforderte mich!

Selbst in meinen zuvor besten Fächern wie Englisch und

Deutsch erlebte ich täglich neu, dass sich vieles bei mir verändert hatte.

Ich konnte mir gar nicht so viel notieren, wie ich mir hätte merken müssen.

Nichts war mehr wie vorher.

Ich kämpfte mit mir und dem Unterrichtsstoff, den Hausaufgaben, meinem Erinnerungs- und Konzentrationsvermögen.

Jetzt war der Zeitpunkt, an dem ich ein Gespür dafür bekam, dass ich wohl in meinem weiteren Leben sehr oft an den 4. August erinnert werde.

Die mangelhafte mentale Flexibilität und verletzungsbedingt erschwerte Auffassungsgabe boten für das geplante Abitur ein großes Hindernis.

Dieser Stein, der mir in den Weg gelegt wurde, war für mich zu schwer, um ihn aus dem Weg zu räumen.

Auch mein Körper wird sich bei jeder größeren Belastung an die kurze Unachtsamkeit der Fahrerin des PKW erinnern, in dem ich am besagten August Abend saß.

Zusätzlich belastend ist für mich der Gedanke, dass ich ohne Unfall in wenigen Monaten mein Abitur machen würde. Meine ehemaligen Mitschüler der Jahrgangsstufe und auch meine Freundin waren schon in der Abitur-Vorbereitung.

DAS BESTE, DAS MIR PASSIEREN KONNTE

Resigniert, erschöpft und leidend suchte ich im März einen Neurologen auf.

Nachdem dieser sich ein Bild von mir, meiner Situation und meiner Krankengeschichte gemacht hatte, nahm er mich väterlich in den Arm und meinte, mir etwas Gutes empfehlen zu können:

Einen erneuen Rehabilitationsaufenthalt.

Dieses Mal im Jugendwerk in dem Ort Gailingen, nahe der Schweizer Grenze 20 km südlich der Stadt Singen in Süddeutschland.

Es handele sich um eine Neurologische Rehabilitationsklinik für Kinder, Jugendliche und junge Erwachsene. Die Klinik sei spezialisiert auf Schädel-Hirn-Traumata als Unfallfolge.

Dankbar für jede angebotene Hilfe ließ ich mich auf diesen Vorschlag ein. Natürlich immer darauf Wert legend zu Beginn des neuen Schuljahres wieder zu Hause zu sein.

Die erneute Rehabilitationsmaßnahme wurde beantragt. Die

zuständige Rentenversicherung genehmigte mir für diese Neurologische Klinik einen Rehabilitationsaufenthalt für die Dauer von 4 Wochen.

Als Service-Leistung wurde die Anreise von der Klinik mit möglichst wenigen Umstiegen geplant. Die Bahnfahrkarten wurden mir zugeschickt. Meine Eltern gaben vorher das Gepäck separat auf und brachten mich am Reisetag zum Bahnhof in unsere Nachbarstadt, um mich in den passenden Zug zu setzen.

Nach siebenstündiger Bahnfahrt erreichte ich im Juni des Jahres die Stadt Singen, 740 km entfernt von meinem Heimatort.

Abgeholt wurde ich von einem Fahrer des Jugendwerks am Hauptbahnhof.

Mit dem Jugendherbergsbus wurde ich mit anderen Neuankömmlingen die restlichen 20 km nach Gailingen zur Klinik gefahren. Von der langen Zugfahrt war ich erschöpft. Die Aufregung und Anspannung nahmen zu desto länger der Bus unterwegs war. Nach etwa einer dreiviertel Stunde Busfahrt über Straßen, durch Wälder und vorbei an hügeligen, grünen Wiesen erreichten wir den Zielort Gailingen. Den Ort durchquerten wir und erreichten fünf Minuten später die Klinik.

Hier war es also das Jugendwerk. Etwas außerhalb des Wohnortes in ruhiger Lage gelegen umgeben von Wiesen und Natur. Zu Fuß war die Schweiz in 15 Minuten zu erreichen. Auf der anderen Seite des Ortes lagen die Schmieder Kliniken für neurologisch verletzte Erwachsene.

Das Jugendwerk bestand aus den Wohnhäusern A, B, C, D und E. Das Haus B war das Kinderhaus. In einem weiteren einzelnen Gebäude war der Speisesaal, zu dem die fitteren Patienten zu Fuß und selbständig zum Essen gingen. Die schwerer eingeschränkten Kranken hatten im jeweiligen Wohnhaus einen eigenen Speiseraum. Es gab ein Schwimm-/Therapiebad, eine Turnhalle und mehrere Gebäude für Berufstherapien.

In jedem Wohnhaus gab es einen Psychologen, einen Sozialpädagogen, einen Sozialarbeiter, einen Arzt, Krankenschwestern und Krankenpfleger.

In meinem Zimmer im Haus C standen drei Betten, von denen zwei belegt waren. Das letzte freie Bett am Fenster wurde mir zugewiesen.

Ich bin mir nicht mehr sicher nach all den vergangenen Jahren, der Zeit nach dem Jugendwerk, wie ich mich dort bei meiner Ankunft gefühlt habe. Ich glaube jedoch, dass ich mich von Anfang an geborgen, gut betreut und alles in allem wohl gefühlt habe, eben als Familienmitglied der Großfamilie im Haus C.

Ich meine zu erinnern, dass wir ca. 30 Patienten waren,

die hier im zweigeschossigen Wohnhaus C ihre Zimmer hatten.

Die nächsten Wochen vergingen. Damals war mir der Ablauf einer Rehabilitation dieser Art nicht bekannt.

Jetzt machte ich die Erfahrung, dass die Voraussage einer für vier Wochen angedachten Rehabilitation nicht bindend war. Die meisten der Jugendlichen waren schon monatelang dort. Manche hatten sogar einige private Möbelstücke in ihrem Patientenzimmer und verweilten schon ein Jahr im Jugendwerk.

Begleitet von psychotherapeutischen Gesprächen wurde auch mein Aufenthalt mehrfach von Monat zu Monat verlängert.

Ich erhielt Schulunterricht in Kleingruppen bzw. im Einzelunterricht.

Zusätzlich wurde ich getestet, getestet und nochmals getestet.

In zunehmendem Maße wurde ich darauf vorbereitet, mein Abitur nicht mehr leisten zu können. Stattdessen sollte ich mich an den Gedanken gewöhnen, eine Ausbildung zu machen.

Zu diesem Zweck gab es eine Berufsfindungstestung, für die im jeweiligen Bereich drei Wochen geplant wurden. Dem hauswirtschaftlichen, dem holzverarbeitenden, dem metallverarbeitenden und auch dem kaufmännischen Bereich wurde ich zugeführt für jeweils ein paar Stunden täglich.

Begleitend zur beruflichen Orientierung fanden ebenfalls die gewohnten physikalischen, psychologischen und ergotherapeutischen Anwendungen statt.

Am Ende der Berufstestung wurde mir zu einer kaufmännischen Ausbildung geraten. Dazu gab es ein Gespräch mit einem aus Tutzing anreisenden Behindertenberater. Dieser zeigte mir die Möglichkeiten einer Ausbildung in einem Berufsförderungswerk auf.

Das weitere Freizeitangebot umfasste ein Sportprogramm, Kinobesuche, Koch-, Bastelgruppe und eine Gruppe, die mir das Fotografieren sowie das eigenständige Entwickeln der Fotos näherbrachte, ein Sommerfest, Grillabenden usw.

Während der Pausen trafen sich die Patienten zu einer Tasse Café im Aufenthaltsraum.

Ein Sozialarbeiter bot sich für Spiele wie Memory zur Förderung des Gedächtnisses oder auch einfach mal »Mensch ärgere dich nicht« an.

Langweilig wurde mir während des langen Jugendwerk-Aufenthaltes nie.

Gut so, alles in allem ein intensiver und gut geplanter Behandlungsablauf.

Meine Eltern verbrachten anlässlich meines 20. Geburtstages im September einen Kurzurlaub in dem Ort Gailingen. Sie unternahmen in meiner therapiefreien Zeit viel mit mir. Unter anderem besuchten wir den Rheinfall von Schaffhausen und die Insel Mainau.

Im Spätherbst begab sich mein Vater nochmals, aus Sehnsucht zu seiner Tochter, allein mit dem Zug auf die Reise und besuchte mich.

MEINE WEITERE JUGENDWERKSZEIT

Zum Weihnachtsfest dieses Jahres durfte ich zum Heimatbesuch nach Hause fahren. Ich war sehr froh darüber.

Dennoch fiel mir die Rückkehr in mein »zweites Zuhause am Bodensee« nicht so schwer, ich freute mich auf ein Wiedersehen.

Das Zusammensein mit etwa Gleichaltrigen war gut für mich. Nicht zuletzt auch, weil diese Jugendlichen, jungen Erwachsenen und selbst die Kinder ähnliche gesundheitliche Folgen, wie ich auch, aufgrund von Verletzungen zu bewältigen hatten. Täglich spürte ich diese Selbstverständlichkeit der Mitpatienten untereinander. Jeder hatte sein eigenes Schicksal zu tragen, aber jeder half jedem damit umzugehen.

Ich fühlte mich als Mitglied in der Gemeinschaft teils schwer, teils nicht ganz so stark eingeschränkter junger Menschen. Aber irgendwie eingeschränkt waren alle. Deswegen auch der Zusammenhalt.

Wenn wir ins Dorf hinunter zum »Feiern« gingen, schoben die körperlich Fitteren den Rollstuhl des Gelähmten. Falls dieser in der Gastwirtschaft seine bestellten Pommes nicht allein zum Mund führen konnte, halfen ihm andere, die es wieder besser schafften.

Beim »Stiefeltrinken« gab es manch nasses Kleidungsstück.

Vor Türschluss am Abend waren alle gemeinsam wieder im Jugendwerk. Alle hielten zusammen, jeder konnte den Schmerz des anderen nachempfinden.

Es gab Patienten, die einen Hirnschlag mit Halbseitenlähmung in der Jugendzeit erlitten hatten. Wieder andere waren Opfer eines Verkehrsunfalles. Einer hatte betrunken und ohne Führerschein einen folgenreichen Autounfall verursacht, bei dem auch sein Freund getötet wurde. Ein Strafverfahren erwartete ihn nach der Jugendwerkzeit. Einem weiteren Mitpatienten war während seiner Wehrdienstzeit bei der Bundeswehr ein geplatzter LKW-Reifen an den Kopf geflogen. Der Rollstuhl war seitdem sein Fortbewegungsmittel. Ein Freund war beim Motorcross mit seinem Motorrad gestürzt und erlitt dabei ein schweres Schädelhirn-Trauma.

Besonders schicksalhaft und traurig war das Leid der neurologisch verletzten Kinder aus dem Haus B. Wie tapfer diese Kiddies mit ihrer Verletzung umgingen. Sie befanden sich weit entfernt von ihren Eltern wochenlang allein in der Reha. Zum Teil trugen sie Schutzhelme, damit der Kopf bei einem auftretenden Krampfereignis mit Sturz auf den Boden geschützt war.

Ich war Patientin im Jugendwerk, weil meine damalige langjährige Freundin mit dem Auto meiner Cousine einem anderen Menschen die Vorfahrt nahm.

Auf dem Weg zum Schützenfest hatte sie an einer Kreuzung den PKW von rechts? links? kommend schlichtweg übersehen und ihm in Folge die Vorfahrt genommen.

Beim VW-Käfer und mir entstand Totalschaden. Der Käfer landete auf dem Schrottplatz und ich vier Wochen auf der Intensivstation.

Neben den überwiegend positiven Eindrücken, die mir bezüglich des Jugendwerkes in Erinnerung geblieben waren, habe ich natürlich ein paar negative Erlebnisse erfolgreich verdrängt.

So herrschte nicht immer ein harmonisches, rücksichtsvolles Klima unter den Patienten im Haus. Es gab hier, wie im wahren Leben, Menschen, die unbeliebt waren.

Denen gegenüber herrschte ein raues, durch wenig Verständnis geprägtes Klima. Es waren oftmals die Schwächsten der Gruppe, bei denen sich aufgrund ihrer stark eingeschränkten Hirnleistungsfähigkeit eine Kontaktaufnahme eher schwierig gestaltete.

Eine dieser Patientinnen hatte den Geisteszustand eines kleinen Mädchens. Sie hatte immer wieder Tobsuchtsanfälle, wurde oftmals verbal sehr übergriffig und konnte nicht in die Gruppe integriert werden. Sie verstand auch nicht immer alles. Oft machten andere Patienten sich einen Spaß daraus, dieses Mädchen vorzuführen. Sie erzählten ihr Geschichten, die natürlich frei erfunden waren und zur Verunsicherung beitrugen.

Andere schickten diese Mitpatientin oft irgendwo hin, um etwas zu holen. Das Mädchen fand jedoch in ihrer Orientierungslosigkeit den Weg nicht wieder zur Gruppe zurück. Die Schadenfreude und der Spott daraufhin waren groß.

Wieder ein anderes Mädchen konnte kaum allein essen. Der überwiegende Teil dessen, was sie zu sich nahm, rutschte ihr immer wieder aus dem Mund. Sie sabberte und schmierte damit herum. Eine Unterhaltung mir ihr war nicht möglich.

Im Nachhinein denke ich, dass diese Mitpatienten dazu benutzt wurden von eigenen Problemen abzulenken oder sich eben auf deren Kosten profilieren zu wollen.

Ich hatte nicht den Willen, mich auf alle Patienten gleich einzulassen und vermied den Kontakt zu diesen zwei Mädchen.

DIE ZEIT DANACH, ERFAHRUNGEN IM WIRKLICHEN LEBEN

Es war Ende Januar des folgenden Jahres, als mein Vater zu Hause den Praktikumsplatz für mich in einem Autohaus organisiert hatte. Bei Ausbildungseignung sollte ich dort eine Lehre zur Bürokauffrau beginnen.

Aufgrund der Chance einen Ausbildungsplatz zu erhalten, wurde ich nun Ende Februar des Jahres nach fast achtmonatiger Rehabilitation ausbildungsfähig nach Hause entlassen.

Ich war gefestigt und im geschützten Rahmen belastbar.

Das zuletzt Genannte war wohl der entscheidende Punkt. Das Praktikum in dem Autohaus in der Nachbarstadt meines Heimatortes verlief nicht gut. Meine Leistungen waren laut des Praktikum Betriebes für eine kaufmännische Ausbildung nicht ausreichend.

Gerade wieder im »normalen Leben« angekommen erfolgte also die nächste Desillusionierung.

Logisch, denn Arbeitsbereich und Schulleben in einer

geschützten Einrichtung waren natürlich in keiner Weise vergleichbar mit dem «normalen« Arbeitsleben.

Der Empfehlung des Behindertenberaters im Jugendwerk nicht nachzukommen, erwies sich als Fehlentscheidung. Mein Vater war so engagiert, wollte für mich Gutes erreichen und wahrscheinlich spielte auch eine Rolle, dass seine Tochter nicht in einem Berufsförderungswerk endgültig in die Rolle der Behinderten rutschen sollte. Auch ich wollte nicht unbedingt diesen Weg gehen und irgendwo in Deutschland eine Ausbildung in einem Berufsförderungswerk beginnen.

Wie auch immer, ich befand mich nun wieder zu Hause.

Es wurde dann Mai, als sich erneut die Gelegenheit für ein Praktikum ergab. Dieses konnte ich in einem entfernten katholischen Krankenhaus in der Verwaltung starten. Bei Eignung sollte ich im August des Jahres eine Ausbildung zur Bürogehilfin beginnen. Beim Arbeitsamt wurde mir vor Praktikumsbeginn die Information gegeben, dass dort eine Ausbildung zur Bürokauffrau zu vergeben sei. Dies stellte sich jedoch als Fehlinformation beim Bewerbungsgespräch heraus. In diesem Jahr wurde nur eine Auszubildende für die Bürogehilfin-Ausbildung gesucht.

Der Gedanke an den Beruf der Bürogehilfin war sehr negativ für mich besetzt, denn schon während meiner Realschulzeit äußerte ich mich abwertend mit der Bezeichnung Tippse über diesen Beruf, den einige Mitschülerinnen meiner Realschulklasse als Ausbildungsberuf wählten.

Meine Freundin und ich gingen damals nach Abschluss der zehnten Klasse weiter zum selben Gymnasium, um mit dem Abitur etwas »Höheres« erreichen zu können. Wir wollten studieren. Meine Studiums Pläne waren Anglistik und Journalismus.

Besonders schlimm und erniedrigend war deswegen, dass ich schnell merken konnte, an der Bürogehilfin-Ausbildung zu scheitern.

Zunächst fiel ich nach zwei Jahren Ausbildungszeit durch die erste Abschlussprüfung aufgrund meiner stenographischen Unfähigkeit. Texte hören, verstehen, in Schnellschriftkürzel aufschreiben, um dieses dann als Text mit der elektrischen Schreibmaschine schnell zu übertragen, übertraf das Machbare meinerseits. Da halfen auch Üben und Trainieren nicht.

Ebenfalls die zweite Abschlussprüfung war für mich nicht machbar.

Erst die, nach nochmaliger Wartezeit eines halben Jahres, dritte Prüfung mit Prüfungserleichterung aufgrund eines ärztlichen Attestes meines Neurologen, erbrachte den gewünschten Erfolg.

Übernommen in ein Arbeitsverhältnis wurde ich verständlicherweise nun nicht mehr. Es gab viele Ausflüchte seitens des kirchlichen Arbeitgebers diesbezüglich. Eben auch die Lüge, man habe keinen freien Arbeitsplatz. Später erfuhr ich, dass dieses nur ein Argument gewesen war, um mir nicht sagen zu müssen, dass meine Leistungen nicht ausreichend sind.

Das Leben geht immer weiter.

Im Nachhinein frage ich mich oft, wie ich dieses Leben weitergeführt habe. Das Leben mit und nach dem Unfall. Ständige berufliche Enttäuschungen, die häufigen Kopfschmerzen bei Anstrengung, die unfall- und/oder verletzungsbedingten psychischen Probleme und auch die rezidivierenden Schmerzen aufgrund multipler Frakturen.

Ich hatte einen seltsamen Traum. Mir träumte eines Nachts, dass mir ein Brandzeichen auf die Stirn gedrückt worden ist. Ich interpretierte es im Zusammenhang mit dem Jugendwerk-Aufenthalt in Gailingen. Dort wurden wir als Patienten oft mit dem Jugendherbergsbus gefahren. Jeder der Dorfbewohner wusste, dass es sich um den Bus handelte, der schwer traumatisierte Patienten fuhr. Es war für mich unbewusst eine Stigmatisierung erfolgt, die sich Monate später im Traum als Brandzeichen darstellte.

SCHULDFRAGEN

Zu diesem Zeitpunkt haderte ich oft mit dem Gedanken der Schuldzuweisung für das Erlebte. Meine langjährige Freundin trug juristisch betrachtet die Schuld an diesem tragischen Unfall.

Sie hätte das Auto nicht fahren dürfen. Sie hatte einen PKW-Führerschein, aber keinerlei Fahrpraxis, da es bei ihr zu Hause in der Familie kein Auto gab. Sie hatte einem anderen PKW-Fahrer die Vorfahrt genommen. Eindeutig ihre Schuld. Als Fahranfängerin hat sie ein Auto mit mit vier weiteren Insassen gelenkt. Eindeutige Überforderung. Sie hat das Auto, mit dem wir zusammenstießen, nicht gesehen. Als Verletzung zog sie sich eine Gehirnerschütterung und eine Rippenfraktur zu. Alles in allem ein tragisches Jugenderlebnis.

Meine Cousine, mit deren Auto wir verunfallten, hätte dieses nicht ohne weiteres der Fahranfängerin überlassen dürfen. Nicht überlegt, nicht erwachsen, nicht verantwortungsbewusst gehandelt. Ihre Schuld. Sie zog sich eine einseitige Beckenfraktur und einen Rippenbruch zu und wurde ebenfalls in ein Krankenhaus gebracht.

Die beiden fünf Jahre älteren mitfahrenden jungen Männer hätten uns aufgrund ihres Alters und ihrer Lebenserfahrung von dem Vorhaben abhalten müssen. Ihre Schuld. Einer der beiden wurde leicht verletzt und konnte das Krankenhaus schnell wieder verlassen. Der andere junge Mann hatte als einziger Beifahrer keine Verletzungen erlitten. Er stand jedoch unter Schock, so dass er nach dem Zusammenstoß der PKW, auf der Straße herumgerannt ist und um Hilfe schrie.

Zu guter Letzt frage ich mich, warum ich so naiv war, dem Fahrerwechsel nichts entgegensetzte und weiter mitgefahren bin. Ich war mit der Fahrerin seit zehn Jahren befreundet. Wir kannten uns von Kindheit an. Habe ich ihre Fahrtüchtigkeit überschätzt? Auch mich trifft eine Schuld.

Hätte ich doch einen schönen Abend beim Straßenfest verbracht.

Nun erlebte ich schon als sehr junge Erwachsene, wie scheinbar belanglose Entscheidungen, den gesamten weiteren Lebensverlauf bestimmen.

Wahrscheinlich gehört es zum Erwachsenwerden dazu, Entscheidungen zu treffen, die sich als fehlerhaft mit gravierenden Folgen herausstellen.

Diese, meine Freundin, machte neun Monate nach dem Unfall ihrerseits »unser Abitur« in »unserer Jahrgangsstufe am Gymnasium.« Danach begann sie in Bonn ein Studium der Ernährungswissenschaften, promovierte und wurde später an einer Züricher Universität habilitiert.

Erstaunlicherweise suchten wir beide immer wieder den Kontakt zueinander. Wobei mir später klar wurde, dass dieser Kontakt von ihr aufgrund von Schuldgefühlen und Pflichtbewusstsein aufrecht gehalten wurde. Ihr Leben als Professorin fand in einer anderen Welt statt. Tatsächlich konnte ich nicht mehr daran teilhaben.

Für mich spielte es derweil auch eine Rolle ihr zu zeigen, was sie mir angetan hatte. Beruflich konnte ich nicht mehr das erreichen, was ich mir vorgestellt hatte. Der Unfall würde mich Jahre, wenn nicht sogar Jahrzehnte später aufgrund gesundheitlicher Einbußen noch verfolgen.

Je mehr ich im weiteren Berufsleben nicht klarkam und desto schlechter es mir psychisch und physisch ging, desto größer wurde mein Groll ihr gegenüber. In einer ambulanten Psychotherapie begann die Aufarbeitung des Traumas und dessen Folgen.

Jetzt fasste ich den Entschluss einen mehrseitigen Brief an meine Freundin zu schreiben, um sie für ihren Fehler anzuklagen. Wahrscheinlich auch, um eine Entschuldigung zu provozieren. Lange bekam ich keine Antwort. Doch dann kam der Tag, an dem ich von ihr darauf hingewiesen wurde, dass nicht alles so rosig bei ihr sei. Sie immer noch oft durch Albträume bezüglich des Unfalls nachts schweißgebadet aufwache.

Sie habe sich damals zur Verdrängung dieses schrecklichen Unfalls in die Arbeit gestürzt. Auch sie hätte gerne Kinder und einen Ehemann. Aber das sei für sie aufgrund des Strebens nach beruflichem Erfolg keine Option gewesen.

Nach dem Erhalt dieses ebenfalls mehrseitigen Schreibens tat es mir fast schon ein wenig leid, sie angegangen zu haben.

Aus der Schweiz kommend besuchte sie mich noch einmal zu Hause. Doch Anstelle einer Entschuldigung ihrerseits nach all den Jahren, fühlte ich zu diesem Zeitpunkt mich fast dazu genötigt, für meinen geschriebenen Brief um Verständnis zu bitten.

Aber was einmal gesagt oder geschrieben wurde, ist nicht wieder rückgängig zu machen und unsere langjährige Beziehung kam zum Erliegen. Ganz langsam, dann jedoch endgültig.

EIN MUTMASSLICHER POSITIVER WENDEPUNKT MIT EINSICHTEN

Einige Jahre nach dem Umfallereignis habe ich meinen späteren Ehemann kennengelernt. Jetzt gab es auch noch andere Dinge in meinem Leben. Die Wochenenden verbrachte ich überwiegend mit meinem Freund und abends zogen wir um die Häuser der Großstadt, in der er zu dem Zeitpunkt lebte.

Schon nach einem weiteren Jahr erfolgte die Loslösung vom Elternhaus mit Einzug in unsere erste gemeinsame Wohnung.

Drei Jahre später unsere Hochzeit.

Der zweite Umzug in das erste Haus.

Die erste Schwangerschaft.

Der dritte Umzug in das zweite Haus und die Geburt unseres ersten Kindes.

Während der Schwangerschaft ging es mir körperlich und psychisch überwiegend gut oder sogar besser als zuvor.

12 Jahre nach meinen Verletzungen war ich in der Lage, ein gesundes Kind auf normalem Geburtsweg auf die Welt zu bringen.

Privat waren es erfüllende Erlebnisse, welche ich gut bewältigt habe, obwohl sie eine Menge Kraft erforderten.

Beruflich hatte ich nunmehr einige Arbeitsstellen, die mal glücklicher, mal weniger glücklich verliefen. Mal war ich ca. 4 Jahre in einem Beschäftigungsverhältnis, mal nur 1 Jahr, mal wurde mir während der Probezeit aufgrund (behinderungsbedingter) unzureichender Leistungen gekündigt. Es waren interessante Tätigkeitsbereiche dabei wie der Medizinische Dienst der Krankenkasse, bei der ich auch Labortätigkeiten oder Sekretariatsarbeiten hätte ausführen sollen. Auch in verschiedenen Krankenhäusern hätte es Aufstiegschancen für mich gegeben, wie zum Beispiel der Aufstieg zur Chefarztsekretärin. Jedoch scheiterte dieses an meiner mangelnden Belastbarkeit. Leider ...

Auf meiner Gesundheitsebene gab es ein Auf und Nieder.

Mein letztes Arbeitsverhältnis hielt 20 Jahre, aber war mit vielen Enttäuschungen, Rückschlägen und vor allem Erniedrigungen verbunden. Den Kollegen war bekannt, dass ich einen Schwerbehindertenausweis hatte, aber nicht warum. Ich wollte während der Jahre endlich mit dem Thema abschließen und nicht mehr allen erklären müssen, was mir zugestoßen war.

Eine der so genannten Kolleginnen fragte dann auch eines Tages, warum ***ich*** eigentlich einen Behindertenausweis habe. Die Frage kam so patzig und fordernd, dass ich keine Veranlassung für mich sah, ihr davon zu berichten. Zumal ich diese Person nicht leiden konnte und sie mich augenscheinlich auch nicht. Also antwortete ich nur kurz angebunden, dass ich nicht wisse, was sie das angehe.

Ich habe in meinem Leben seit dem Autounfall schon so viel Tiefschläge erlitten, dass ich mir eine dicke Haut angelegt hatte, die Einiges abwehren konnte und Nichts zu tief in mich eindringen ließ.

Wohl deswegen hielt man mich an diesem Arbeitsplatz für arrogant und hochnäsig, was ich erst später erfuhr.

Es ist wie es ist und es ist immer zu früh, um aufzugeben, war mein Slogan, den ich mir erkämpf hatte.

Es ergaben sich im Laufe der Zeit Momente der Einsicht, die mir über manches hinweggeholfen haben:

- Ich bin wie ich bin (und wem das nicht gefällt, muss keinen Kontakt zu mir suchen)
- Dinge, die ich nicht ändern kann, muss ich akzeptieren (auch wenn es mir oft sehr schwerfällt)
- Jeder Mensch ist wertvoll (auch ich bin es!)

- Wie ich in den Wald hineinrufe, so schallt es heraus. (sei freundlich zu anderen, sie werden dich dann eher akzeptieren)
- Weniger ist oft mehr (handele überlegt und versuche dich über Qualität statt Quantität zu definieren)
- Wer versucht, sich immer alle Türen offen zu halten, wird die meiste Zeit auf dem Flur verbringen (Konzentriere dich auf das Wesentliche, aber darauf sehr)

AUS DEN WURZELN GERISSEN

Durch diese Momente der Einsicht insgesamt wurde ich getragen und ließ einige schlechte Erlebnisse an mir abprallen. Alles in allem sagte ich mir unzählbar oft, auch unterstützt durch therapeutische bzw. ärztliche Hilfe, dass ich nie vergessen dürfe, zu den Sternen zu schauen.

Bis zu der Zeit, in der ich immer häufiger an meine Grenzen stieß bedingt durch zunehmende depressiv psychisch/ physische Erschöpfung.

Gerade jetzt kam es dann auch noch zu einer für mich sehr unschönen Situation in der Klinik, in der ich als medizinische Schreibkraft beschäftigt war.

Ich wurde beschimpft und beleidigt von meiner sechs Jahre jüngeren Vorgesetzten, nachdem ich eine Textverständnisfrage zu einem Diktat eines Arztes mit schwäbischem Akzent gestellt hatte. Andere Kollegen würden ihre Arbeit auch schaffen, ohne ständig Fragen zu stellen.

Auf meine Frage, was diese Kollegen denn offensichtlich von mir unterscheide, warf sie mir zurück, ich hätte wohl einen Behindertenschein, aber irgendwann müsse ich es doch auch mal kapieren!

Sie hörte dann kurz das Diktatband an der Stelle an, an der ich das Textverständnisproblem hatte und sagte mir, noch bevor ich wieder an meinem PC saß, in einem sehr schnellen Tempo an, was der Arzt diktiert hatte.

Da ich die Textstelle erst wiederfinden musste und ihre schnell gesprochenen Sätze nicht einordnen konnte, schimpfte sie weiter. Als ich etwas dazu sagen wollte, meinte sie doch glatt es sei jetzt Schluss, sie wolle nichts mehr davon hören.

Zum besseren Verständnis für diese Situation sollte man wissen, dass es nicht ungewöhnlich war, dass speziell dieser Arzt aufgrund seines schwäbischen Dialektes und äußerst schnell gesprochenen Diktates nicht verstanden wurde und sich die Schreibkräfte immer untereinander aushalfen bei Textverständnisschwierigkeiten.

Außerdem sei zu bemerken, dass ich ihr als neue Leiterin des Schreibbüros vor Jahren ehrlich erzählte, warum ich zwischenzeitliche kognitive Probleme hätte und dass diese verletzungsbedingt seien. Ich sei jedoch stets bemüht, meine Leistung zu erbringen. Ich hielt es damals für o.k. und hilfreich, ihr das mitzuteilen. Hoffte somit auf besseres Verständnis.

Wie auch immer, ich kämpfte in dieser Situation mit den Tränen, sagte zu ihr, dass ich mir den Mund nicht verbieten lassen würde, dass ich auch kein Kleinkind sei, dem man sagen könne, was es sagen dürfe und was nicht!

Obwohl ich versuchte Contra zu geben, mich nicht zu tief darauf einlassen wollte, konnte ich mit der Situation nicht umgehen. Zu sehr wurde ich getroffen und verletzt durch das hässliche, herabwürdigende Gehabe dieser Person.

WEITERE ÜBERLEBENS-WICHTIGE EINSICHTEN

Meine Reaktion war nicht sehr klug, besser hätte ich sie schimpfen lassen sollen, ohne einen Kommentar dazu abzugeben. Anschließend hätte ich meine Tasche nehmen sollen, um mit der Angabe von Kopfschmerzen oder Unwohlsein das Büro zu verlassen. Mein Hausarzt hätte mich sicherlich nach der Schilderung dieses Vorfalles arbeitsunfähig geschrieben.

Nur ein paar Wochen hielt ich noch in dem gestörten Büroklima aus. Dann wendete ich mich an meinen Hausarzt, der meinen Wunsch nach erneuter Rehabilitation unterstützte.

Die umfassenden Fragebögen für den Rehabilitationsantrag füllte ich aus. Ebenfalls mein Hausarzt hatte einen Teil des Antrages zu bearbeiten. Alles zusammen leitete die Hausarztpraxis für mich an die Rentenversicherung weiter.

Acht Wochen später erhielt ich von der Rentenversicherung die positive Antwort auf meinen Rehabilitationsantrag. Für den Monat Mai bekam ich einen festen Termin in einer Rehabilitationseinrichtung in der Lüneburgerheide für die Dauer von fünf Wochen.

Nach fünfwöchiger Rehabilitation erfolgte die

einwöchige Verlängerung. Hiernach wurde ich mit der Empfehlung für den weiterbehandelnden Arzt entlassen, mich weitere sechs Monate arbeitsunfähig zu schreiben.

Ich war weiterhin depressiv und nicht mehr arbeitsfähig.

Gebrochen wurde ich durch die auslösende Situation, in der meine Vorgesetzte, auch als *Ansprech-»Partnerin«* bezeichnet, mich psychisch aus der Bahn geworfen hat. Ich dekompensierte so sehr, dass ich mir sogar eine Beschäftigung in der Berufswelt nicht mehr vorstellen konnte.

Bertold Brecht schrieb: »Wer kämpft kann verlieren, wer nicht kämpft, hat schon verloren.«

Ich habe gekämpft, gekämpft und nochmals gekämpft 35 Jahre lang im Berufsleben und ich habe verloren meinen Stolz, meine Kraft, meine Hoffnung, meinen Glauben an mich, mein Durchhaltevermögen und vor allem meine Würde. Ich habe schlechte Erlebnisse verdrängt, immer versucht ein nettes Gesicht zu zeigen, obwohl ich wusste, was und wie über mich gesprochen wurde, wenn ich den Raum verließ, und das Schweigen gespürt, wenn ich unerwartet wieder den Raum betrat. Als dumm und nicht fähig von Arbeitskollegen gehalten zu werden, tat mir immer sehr weh.

Ich habe mich und meine Psyche verkauft an das Arbeitsleben und die jeweiligen Arbeitskollegen immer und immer wieder in dem Kampf für Verständnis und dem Kampf für ersehnten beruflichen Erfolg. Dieser war zeitlebens eine Treppe, die für mich zu schwierig zu besteigen war.

Durch diese sehr späte, aber nicht zu spät gewonnene Einsicht entschied ich Ende des Jahres, nach langer reiflicher Überlegung, den Rentenantrag zu stellen. Ich war zu diesem Zeitpunkt immer noch arbeitsunfähig geschrieben.

Der Rentenantrag war für mich wie ein Befreiungsschlag, auch weil es so lange gedauert hat, bis meine finale Entscheidung hierzu gefallen war.

Nun begann die lange Zeit des Abwartens. Dass mein Anliegen sorgsam überprüft, meine behandelnden Ärzte zu ihrer fachlichen Beurteilung befragt werden usw. war mir bewusst.

Jedoch umso länger ich auf das Antwortschreiben seitens der Deutschen Rentenversicherung wartete, desto ängstlicher wurde ich.

GESCHAFFT, FREIER WEG FÜR NEUEN LEBENSMUT

Am Vormittag des 15. Oktobers befand ich mich allein zu Hause. Ich öffnete, wie immer in den vergangenen Wochen, in hoffnungsvoller Erwartung den Briefkasten

An jenem Tag sah ich unter anderem einen Umschlag mit dem Logo der Rentenversicherung.

Zurück in der Küche legte ich den Brief erst einmal auf den Küchentisch und erledigte zunächst andere Dinge. Zu groß war die Anspannung und noch größer die Angst vor einer negativen Antwort. So eine halbe Stunde später gesellte ich mich zu meinem Brief an den Tisch, schob ihn nach rechts und von da nach links. Hin und her wanderte das Schreiben.

Ein Glas gefüllt mit Wasser stand mir bei, diese äußerst schwierige Angelegenheit anzugehen. Ich würde nun den Brief öffnen, diesen Brief, welcher über den Verlauf der nächsten zwölf Jahre meines Lebens entscheiden würde. Noch weitere zwölf Jahre würde ich bei Ablehnung meines Antrages in der Arbeitswelt kämpfen müssen. zwölf Jahre zusätzlich zu dem schon 35 Jahre umfassenden Kampf.

Das Wasserglas war nun leer.

Das Schreiben wurde mit zittrigen Händen geöffnet. Nach drei Zeilen Lesedauer konnte ich die Nachricht entnehmen, dass mein Rentenantrag bewilligt wurde.

Die Tränen flossen mir über die Wangen. Ich schluchzte und die Anspannung löste sich.

Lange weinte ich vor Glück und Erleichterung.

Den 15. Oktober des Jahres erklärte ich nach der langen Zeit zum zweiten Wendepunkt in meinem Leben. Dieses Mal war es ein sehr glücklicher Wendepunkt.

Das Leben bietet jedem eine zweite Chance.

Ihr Name ist eines Tages und nun ist eines Tages für mich.

Nach 18-monatiger Arbeitspause habe ich nun die Gewissheit, mich entspannen zu können. Das Leben will mit all seinen Facetten neu erlebt werden.

Länger als gedacht habe ich für die Umstellung auf diesen neuen Lebensabschnitt gebraucht.

NUN BIN ICH BEREIT FÜR EIN SCHÖNES NEUES KAPITEL IN MEINEM LEBEN.

Glücklich will ich sein und mich freuen auf Alles, was kommen wird.

Augen auf für das Schöne im Leben.
Breite die Arme aus, um Liebe zu erfahren.
Höre den Vögeln zu, wie sie ihre Lieder zwitschern.
Genieße die Natur.
Stehe mit beiden Füßen auf dem Boden und
lasse dich nicht umhauen von unbedachtem Geschwätz
manch nicht reflektierter Menschen.
Stolz will ich sein auf mich selbst.
Leistete ich doch viel in all den Jahren.
Arroganz ist nicht von Nöten.

Ich bin wie und wer ich sein will.

»Sei gut zu dir selbst und wirklich nichts ist entspannender als das anzunehmen, was kommt« so sprach der Dalai Lama.

Ich will spüren, dass ich leben kann, ohne rezidivierende Gedanken an vor Jahrzehnten Erlebtes. Das Leben will hier und jetzt gelebt werden. Es möge in mir aufschreien, wenn sich depressive Gedanken auftun.

Diese will ich nicht verdrängen, ich schaue sie mir an und mache ihnen klar, dass sie sich nicht mehr bei mir einnisten mögen. Depressiven Gedanken möchte ich die Gastfreundschaft verwehren.

Es gab in meinem gesamten weiteren Leben oftmals die Überlegung, wie mein Leben ohne diesen Unfall verlaufen wäre.

Schlussendlich wurde mir klar, dass diese Überlegung nicht hilfreich ist.

Mein Leben ist anders als geplant verlaufen.

Aber anders ist nicht zwangsläufig schlechter.

Mit den Unfallfolgen, als ständiger Wegbegleiter seit 40 Jahren, habe ich gelernt umzugehen.

Zwischenzeitlich denke ich noch an Menschen aus meiner Zeit im Jugendwerk und was aus ihnen geworden sein mag.

Ob diese Freunde aus der damaligen Zeit, einen glimpflichen, eben mild, schonend und nachsichtigen Verlauf ihres weiteren Lebens erfahren durften?

Mein Lebensabschnitt prägendes Jugendwerk am Bodensee trägt nun den Namen Hegau-Jugendwerk Gailingen und kann jetzt auch schon Patienten (Phase B) zur Frührehabilitation mit Intensivüberwachung bei Intubation aufnehmen zusätzlich zu Phasen C (Weiterführende Rehabilitation) und D (Medizinisch-schulisch berufliche Rehabilitation & Anschlussheil-behandlung (AHB))

EPILOG

Dieses Buch zu schreiben, war für mich ein Kraftakt mit vielen Emotionen, traurigen aber durchaus auch freudigen Gedanken.

Wichtig schien es mir, einen Rückblick auf die Vergangenheit zu werfen, mich damit auseinander zu setzten, um in die Zukunft schauen zu können.

Der Ausspruch der englischen Schriftstellerin Charlotte Brontéé:

»Das Leben scheint mir viel zu kurz, um es mit gehegtem Hass und Erinnerung an einst ertragenes Unrecht zu verbringen« bestätigt meine heutige Empfindung; Es ist ein treffendes Fazit für mein todesnahes Lebensereignis.

Ein weiteres sehr schönes und wichtiges Anliegen meines Buches ist Menschen zu erreichen, denen ein ähnliches Schicksal widerfahren ist.

Ihnen und ihren Angehörigen möchte ich Mut, Hoffnung und Zuversicht zunächst für den Verletzungsverlauf und für den danach folgenden Verlauf ihres weiteren Lebens geben.

Es ist richtig und wichtig aus Steinen, die dir in den Weg gelegt werden, schöne Sachen zu bauen.